Quod Enigma

Nächsten-Liebe

Quod Enigma

Nächsten-Liebe

Christlich

Fromm Verlag

Imprint

Cover image: www.ingimage.com

Publisher:
Fromm Verlag
is a trademark of
International Book Market Service Ltd., member of OmniScriptum Publishing Group
17 Meldrum Street, Beau Bassin 71504, Mauritius
Printed at: see last page
ISBN: 978-613-8-37086-4

Inhaltsverzeichnis:

I. Kritik:

SCHLIEREN

Mangelnde Nächstenliebe: Ex-Präsidentin der Kirchenpflege kritisiert Reformierte[1]

Es rumort bei den Schlieremer Reformierten.

[1] Vgl. https://www.limmattalerzeitung.ch/limmattal/mangelnde-naechstenliebe-ex-praesidentin-der-kirchenpflege-kritisiert-reformierte-132105835

Ex-Kirchenpflegepräsidentin Erica Brühlmann-Jecklin fordert mehr Nächstenliebe, vor allem für die ehemalige Schlieremer Pfarrerin Claudia Schulz. Sie kritisiert die Schlieremer Kirche scharf. Diese wehrt sich.

Ihr gehe es um Nächstenliebe und um Frieden, sagt Erica Brühlmann-Jecklin. Zudem wolle sie den rücksichtslosen Umgang anprangern, der bei den Schlieremer Reformierten herrsche.

Ganz anders als die Schlieremer Autorin, Musikerin und ehemalige Präsidentin der reformierten Kirchenpflege sehen es hingegen die Verantwortlichen selbst. Mehrere Exponenten der Kirche betonen im Gespräch, es gebe keine Angelegenheit, die in der Öffentlichkeit ausgetragen werden solle. Brühlmann-Jecklin widerspricht: «Doch, diese Geschichte gehört an die Öffentlichkeit, denn die Kirche ist de facto eine öffentliche Institution. Sonst passiert gar nichts.»

Happige Kritik

Was ist geschehen? In einem Leserbrief, den die Limmattaler Zeitung diese Woche abdruckte, kritisiert Brühlmann-Jecklin die Schlieremer Kirche und die Kirche des Kantons scharf. Freiwillige, die jahrelang gute Dienste geleistet hätten, liefen davon, Kirchenpflegerinnen meldeten sich vor Ablauf der Amtsperiode ab und den Erfinder des Dreikönigskonzerts, Gilberto Fischli, habe man mit der Anstellung von zwei Musikerinnen überflüssig gemacht, sodass auch er aufgegeben habe.

Zudem sei der Pfarrerin Claudia Schulz nahegelegt worden, die Kündigung einzureichen. Dies, nachdem Schulz, die mit gesundheitlichen Problemen kämpft, erst im vergangenen Jahr ein 20-Prozent Pensum übernommen hatte. Gemäss Brühlmann-Jecklin hat die Pfarrerin kürzlich einen eingeschriebenen Brief von der Landeskirche erhalten, mit dem Vorschlag, sie solle kündigen. «Da fragt man sich zurecht: Was ist denn mit der christlichen Nächstenliebe los?», schreibt Brühlmann-Jecklin im Leserbrief.

Trauriger Abschied

Rückblende: Ende 2016 schrieb Schulz in einem Artikel im Schlieremer Kirchenboten über ihren Gesundheitszustand. Sie berichtet offen von ihrer im vorangegangenen Sommer erlittenen Hirnblutung, von ihrem Reha-Aufenthalt in der Klinik von Valens und von ihrem Kampf zurück ins Leben. Vieles könne sie noch oder wieder, schrieb sie damals. Die Präsidentin der Kirchenpflege und Nachfolgerin von Brühlmann-Jecklin, Ursula Gütlin-Plüer, schrieb im selben Heft, man sei glücklich, Schulz wieder in Schlieren zu haben und sie auf dem Weg der Genesung zu wissen.

Doch nun geht man offenbar getrennte Wege. Denn am 7. Januar fand der Abschiedsgottesdienst für Pfarrerin Schulz statt. Brühlmann-Jecklin beschreibt den Anlass als traurig. Schulz, zu deren Schutz der Leserbrief wohl hätte dienen sollen, will keine Stellung beziehen. «Den Inhalt dieses Leserbriefs möchte ich mit

Erica Brühlmann-Jecklin im persönlichen Gespräch besprechen und nicht über die Medien», sagt sie.

Erica Brühlmann-Jecklin fordert mehr Nächstenliebe.

Am 7. Januar fand der Abschiedsgottesdienst für Pfarrerin Claudia Schulz statt.

Auch bei der für die Anstellungsverhältnisse der reformierten Pfarrerinnen und Pfarrer zuständigen Landeskirche hält man sich bedeckt. Der Kommunikationsverantwortliche, Nicolas Mori, verweist auf den Persönlichkeitsschutz von Pfarrerin Schulz. Diesen gelte es zu wahren, weswegen keinerlei Angaben gemacht werden können. Brühlmann-Jecklin sagt auf Anfrage, dass Schulz vom Verhalten der Landeskirche sehr betroffen gewesen sei, gibt jedoch ebenfalls keine Details zum Hergang preis.

Und wie reagieren die Verantwortlichen der Schlieremer Kirche auf die an sie gerichteten Vorwürfe? Es sei fraglich, sagt Gütlin-Plüer, ob es überhaupt Stellung zu beziehen gebe. «Denn den von Brühlmann-Jecklin erwähnten Ereignissen liegen keine Unstimmigkeiten oder Streitereien zugrunde», sagt sie. Linda Pröbsting sei frühzeitig aus der Kirchenpflege ausgetreten, weil sie eine Weiterbildung begann und das Mandat zu einer zu grossen Belastung geworden wäre.

Und für das Dreikönigskonzert, das von Gilberto Fischli ins Leben gerufen wurde, seien auch schon in früheren Jahren andere Musiker engagiert worden. «Herr Fischli wollte wieder in seine Heimat im Süden ziehen», sagt sie. Auch hier sei man stets respektvoll miteinander umgegangen. Doch weiter wolle sie auf die vorgebrachte Kritik von Brühlmann-Jecklin nicht eingehen. «Die Zeitung ist hierfür nicht der richtige Ort.» Doch hält sie fest, dass Brühlmann-Jecklin, wie jedes Kirchenmitglied, das Recht habe, öffentlich ihre Meinung zu äussern.

«Die Menschen sind dankbar»

Auf ihren Leserbrief habe sie zahlreiche positive Rückmeldungen und eine einzige kritische erhalten, sagt Brühlmann-Jecklin. «Die Menschen sind dankbar, dass jemand die Stimme erhob und sagte, was Sache ist.» So seien zahlreiche Betroffene gütige und loyale Menschen, die auch ein wenig konfliktscheu seien – in deren aber auch in ihrem eigenen Namen habe sie den Leserbrief verfasst.

II. Bewertung:

Kreis Ost: Pfarrerin Claudia Schulz, 8952 Schlieren, Kirchgemeinde[2]

Tätigkeitsbereich

Kirchgemeinde

Weitere Firmen in der Umgebung 8952 im Bereich

Kirchgemeinde

10 von 10 Punkten - 1 Bewertung

---

2 Vgl. http://www.fachmann-vor-ort.ch/Kreis-Ost-Pfarrerin-Claudia-Schulz-Schlieren-Kirchgemeinde-cztsxwyuwtzc

Kreis Ost: Pfarrerin Claudia Schulz

Uitikonerstr. 20

8952 Schlieren

Tel 044 730 09 62 *

* Wünscht keine Werbung

> Standort anzeigen

Bewertung - Punktevergabe - Rating

Kreis Ost: Pfarrerin Claudia Schulz , 8952 Schlieren, Kirchgemeinde

1

○

2

○

3

○

4

○

5

○

6

7

8

9

10

Kundenzufriedenheit

Kreis Ost:

Pfarrerin Claudia Schulz ,

8952 Schlieren, Kirchgemeinde

Name

Erfahrungen mit dieser Firma

Regeln

III. Reformiert:

SCHLIEREN

Chinderchile der Reformierten Kirche: «Ist Cassiopeia deine neue Flamme?»[3]

Pfarrerin Claudia Schulz sagt - singen wir, damit Gott weiss, dass wir hier sind.

---

[3] Vgl. https://www.limmattalerzeitung.ch/limmattal/region-limmattal/chinderchile-der-reformierten-kirche-ist-cassiopeia-deine-neue-flamme-128681993

Nina Kilchenmann ist die Stimme im Off.

Das Team Chinderchile der Reformierten Kirche hat sich zusammen mit den Kindern an die Weihnachtsgeschichte erinnert und sie einstudiert. Weihnachtslieder von Andrew Bond, gesungen vom Kinderchor, begleiten das Krippenspiel.

Die Glocken der Reformierten Kirche in Schlieren schlagen 17 Uhr. Gespannt schauen die Kinder im Publikum nach vorn, in den

Chorraum der Kirche, wo der Organist Gilberto Fischli nach dem Läuten feierliche Orgelmusik spielt. Pfarrerin Claudia Schulz begrüsst das Publikum. «Wo du bist, wird es Licht – Gott wir sind da», sagt sie. Und zum gemeinsamen Beginn haben alle in der Kirche das Lied «Ihr Kinderlein kommet» angestimmt.

Es weihnachtet. Ein grosser Weihnachtsbaum beleuchtet und schmückt die Kirche. Der Kinderchor singt zusammen mit Chorleiterin Ursi Bär «Bald bald isch Wienacht» von Andrew Bond, dessen Weihnachtslieder sich wie ein roter Faden durch das Krippenspiel der Kinder ziehen. In prächtigen Kostümen spielen die Kinder nun die Weihnachtsgeschichte. Die Geschichte ist bekannt: Maria und Josef müssen auf Befehl von König Augustus zur Volkszählung dorthin zu gehen, wo sie geboren wurden. Obwohl Maria schwanger ist, wird ihnen die Reise nicht erspart. Beim Lied «Esel lauf mit» stampfen die Kinder mit den Füssen auf den Boden, um ihren Worten Nachdruck zu verleihen. Nachdem Maria und Josef endlich einen Unterschlupf in Bethlehem gefunden haben, singen die Kinder «Alles, was mir bruche, isch es Dach überm Chopf» und bilden mit den Händen ein Dach über ihren Kopf.

Eine Szene im Stall sorgt für Heiterkeit im Publikum. «Schau dort ist Cassiopeia», sagt der Bub, der Josef spielt. «Ist Cassiopeia deine neue Flamme, die mit den roten Haaren?», fragt der kleine Hirt und erntet einige Lacher. «Nein, es ist ein Sternenbild», erwidert Josef. Schliesslich wird Jesus geboren und alles wird gut. Zum Happy End singen die Kinder «S'gröschti Gschänk».

Gemeinsam entwickelt

Das Publikum ist berührt. «Es war sehr schön. Die Kinder haben sehr gut gespielt und gesungen», lobt Margrit Hausherr, Grossmutter eines der Kinder, nach dem Stück. Auch Onkel André Püntener aus dem Emmental ist begeistert: «Ich bin beeindruckt, wie Kinder unterschiedlichsten Alters so gut zusammen spielen.» Und Vater Stefan Leuenberger gefällt es, dass am diesjährigen Kinderweihnachten das «klassische» Krippenspiel aufgeführt wurde. Das wiederum erfreut Pfarrerin Schulz sehr, denn die Kinder haben zusammen mit Andrea Schläpfer und Corina Wildermuth vom Team Chinderchile das Krippenspiel entwickelt und eingeübt. Das aufgeführte Krippenspiel ist aus dem entstanden, was den Kindern von der Weihnachtsgeschichte wichtig und besonders in Erinnerung geblieben ist.

IV. Anders:

Die Schweiz und der "andere Zugang zu Gott"[4]

Zahlreiche evangelische Pfarrerinnen und Pfarrer aus Deutschland arbeiten in Kirchengemeinden in der Schweiz. Dort werden sie als Bereicherung erlebt.

In der Schweiz fand Helma Wever ihr Glück: Vor zwei Jahren traute die aus Norddeutschland stammende Pfarrerin in ihrer Gemeinde Erlenbach im Berner Oberland ein Paar zu Mann und Frau. Dabei lernte sie den Bruder des Bräutigams kennen. Heute ist er ihr Mann. "Michael ist ein Schweizer, der hier im Dorf aufgewachsen ist", sagt die 35-jährige Pfarrerin der reformierten Gemeinde in Erlenbach.

---

4 Vgl. https://www.evangelisch.de/inhalte/101127/09-08-2010/die-schweiz-und-der-andere-zugang-zu-gott

Wie Helma Wever aus der Grafschaft Bentheim an der niederländischen Grenze zog es in den vergangenen Jahren Dutzende evangelische Pfarrerinnen und Pfarrer in das Land der Berge, Seen und Banken. In einigen Landeskirchen wie Graubünden stellen die Geistlichen aus der Bundesrepublik fast die Hälfte aller Pfarrer. In der evangelisch-refomierten Landeskirche beider Appenzell besetzen die Deutschen zehn von 28 Pfarrstellen.

"Wahnsinniges Glück mit der Gemeinde"

"Wir gehen davon aus, dass auch in Zukunft deutsche Pfarrer und Pfarrerinnen sich in Schweizer Gemeinden um freie Stellen bewerben werden", sagt Christian Tappenbeck, Kirchenjurist im Schweizerischen Evangelischen Kirchenbund. Die Eidgenossen, so betont Tappenbeck, seien dankbar um die deutschen Theologen. "Man erlebt sie als eine Bereicherung", sagt er. Die meisten Geistlichen bereuen ihren großen Schritt in den Süden nicht. Bei Helma Wever schwingt das Wohlsein in der Stimme mit. "Ich habe wahnsinniges Glück mit meiner Gemeinde", erzählt sie. "Die Leute hier halfen mir gleich von an Anfang sehr beim Einleben."

Unter den Höhepunkten des Kirchenlebens sind die zwei Berggottesdienste Anfang August und Anfang September, fast Hundert Gläubige versammeln sich dann in der grandiosen Bergwelt des Berner Oberlandes. Die Pfarrerin predigt und tauft, der Musikverein spielt und der Jodlerclub singt. "Da stehen wir in Gottes freier Natur und finden einen anderen Zugang zu unserem Herrn", berichtet die Frau aus dem norddeutschen Flachland.

Die Laien reden stärker mit

Claudia Schulz stammt aus Rheinhessen. Vor vier Jahren kam sie als Pfarrerin nach Schlieren, Kanton Zürich. Besonders die "flachen Hierarchien" in ihrer neuen Landeskirche beeindrucken sie. "Die Wege sind kürzer und die Mitsprache der Laien ist viel stärker ausgeprägt als in deutschen Landeskirchen", sagt Schulz. Ebenso berichtet sie über mehr Diskussionen über biblische Inhalte in ihrer Gemeinde. "Die Zürcher Kirche ist eben bekenntnisfrei, man ist nur auf die Bibel und das eigene Gewissen verpflichtet."

Zwei Söhne im Alter von zwölf und 14 Jahren begleiteten das Ehepaar Schulz in die Schweiz, der älteste Sohn (26) lebt und arbeitet in Deutschland. "Allerdings ist das Pfarrersleben in der Schweiz keine Hängematte", sagt die Rheinhessin. Alle vier Jahre entscheiden die Gemeindemitglieder über eine Verlängerung ihres Vertrages. Andere deutsche Pfarrer spüren auch gewisse Vorbehalte gegenüber den Deutschen. Besonders die Schweizer

Medien schüren die Ängste vor den Deutschen, die den Eidgenossen den Job wegnähmen.

Lob für gute Ausbildung

"Die Deutschen, und natürlich auch die Pfarrer, weisen eine gute Ausbildung vor", sagt Claudia Schulz. Die Geistlichen aus dem "großen Kanton" müssen sich auch auf gravierende Unterschiede gefasst machen: Das fängt bei der Bewerbung an. Deutsche Interessenten für eine Stelle als Pfarrer in der Schweiz schicken schwere Bewerbungsmappen. Die Deutschen, so heißt es aus einer Landeskirche, listen alle Aktivitäten auf, vom Posaunenchor bis zur Mitarbeit in einer kirchlichen Jugendgruppe. Die Schweizer hingegen legen nur wenige Dokumente in die Mappe, wie die Ordinierungsurkunde.

Auch der Schweizer Dialekt bereitet den Deutschen Kopfzerbrechen. "Da verstand ich am Anfang sehr, sehr wenig", räumt Helma Wever ein. Oft machen Kleinigkeiten den großen Unterschied. Als Claudia Schulz in ihrem ersten Gottesdienst in ihrer Züricher Gemeinde ein Kreuz schlug, schloss sich kein Gemeindemitglied an. "Das machen sie in meiner Zürcher Kirche eben nicht", sagt die Deutsche. "Ich mache es jetzt auch nicht mehr."

Ein Stück Sehnsucht bleibt

Zwar haben sich die meisten Pfarrerinnen und Pfarrer aus der Bundesrepublik angepasst und eingelebt. "Ein Stück Sehnsucht nach Deutschland bleibt aber", verrät die Norddeutsche Wever. "Es fehlt mir schon, dass ich am Sonntag nachmittag nicht mal eben zu meiner Mutter zum Reden bei Kaffe[e] und Kuchen fahren kann."

V. Wahl:

REFORMIERTE KIRCHE

Die Limmattaler Reformierten sprechen ihren Pfarrern das Vertrauen aus[5]

Reformierte Kirche Dietikon

[5] Vgl. https://www.limmattalerzeitung.ch/limmattal/region-limmattal/die-limmattaler-reformierten-sprechen-ihren-pfarrern-das-vertrauen-aus-130097174

In den reformierten Kirchgemeinden wurden die Pfarrer für die Amtsdauer 2016 bis 2020 gewählt.

Anfang November letzten Jahres hat Elmar Bortlik seine Arbeit als neuer Pfarrer der reformierten Kirche Dietikon aufgenommen. Definitiv gewählt für die Amtsdauer 2016 bis 2020 wurde er gestern. Bortlik erhielt 91,2 Prozent der Stimmen, dies bei einer Stimmbeteiligung von 47 Prozent. In ihrem Amt bestätigt wurde Pfarrerin Willemien Lammers. Sie erhielt 93 Prozent der Stimmen.

Auch in den anderen reformierten Kirchgemeinden wurden die Pfarrer in ihren Ämtern bestätigt. In Schlieren wurden Claudia Schulz mit 95,3 Prozent der Stimmen für die ordentliche Pfarrstelle und Jürg Wildermuth mit 95,6 Prozent für die Ergänzungspfarrstelle gewählt. Die Stimmbeteiligung lag bei 47,6 Prozent. In Urdorf haben die Stimmberechtigten Pfarrer Ivan Walther-Tschudi in seinem Amt bestätigt. Er erhielt bei einer Stimmbeteiligung von 59 Prozent 98,2 Prozent der Stimmen. Die Reformierten der Kirchgemeinde Birmensdorf-Aesch haben Carl Schnetzler, der zu 95 Prozent auf der ordentlichen Pfarrstelle arbeitet, im Amt bestätigt. In beiden Gemeinden zusammen haben ihm 93,4 Prozent der Wahlberechtigten das Vertrauen ausgesprochen. Auch Marc Stillhard wurde mit 95,8 Prozent der Stimmen wiedergewählt. Er arbeitet zu 5 Prozent auf der ordentlichen, zu 70 Prozent auf der Ergänzungs- und zu 20 auf der gemeindeeigenen Pfarrstelle. Die Stimmbeteiligung betrug 54,2 Prozent.

In Uitikon hat Pfarrer Vincent Chaignat 94,4 Prozent der Stimmen erhalten und wurde damit in seinem Amt bestätigt. Die Stimmbeteiligung lag bei 72 Prozent. Ebenfalls in seinem Amt bestätigt wurde Jens Naske. Die Stimmberechtigten in Oberengstringen sprachen ihm mit 97,9 Prozent der Stimmen ihr Vertrauen aus. Dies bei einer Wahlbeteiligung von 55,7 Prozent. Gewählt haben auch die Stimmberechtigten der Reformierten Kirchgemeinde Weiningen, die Oetwil, Geroldswil, Weiningen und Unterengstringen umfasst. Marianne Botschen erhielt 87,2 Prozent für die 30 Prozent auf die ordentliche Pfarrstelle, die sie mit Bernhard Botschen (70 Prozent) teilt. Er erhielt 88,6 Prozent der Stimmen. Zudem entfielen auf ihn 80 Prozent der Stimmen für die Ergänzungspfarrstelle (30 Prozent). Christoph Frei erhielt 91,7 Prozent der Stimmen für die ordentliche Pfarrstelle (100 Prozent). Die Wahlbeteiligung lag bei 44,8 Prozent.

VI. Abschied:

Abschiedsgottesdienst vom 14. Juli 2019[6]

[6] Vgl. http://www.refkircheschlieren.ch/erlebnisberichte/

Im Gottesdienst vom Sonntag, 14. Juli 2019 hiess es Abschied nehmen von zwei uns liebgewonnenen Pfarrpersonen. Sozialdiakon Urs Trüb sprach im Namen der Mitarbeitenden und die Vizepräsidentin Selina Zürrer hielt ihre Laudatio. Am 1. September 2016 übernahm Pfarrer Walter Wickihalder 60% der krankheitsbedingten vakanten Stellen von Pfarrerin Claudia Schulz als Stellvertretung und nach ihrem Weggang per Ende 2017 kam Pfarrer Ueli Schwendener dazu und übernahm die restlichen 20%.

Per Ende Juli 2019 wurden nun diese zwei Stellen aufgehoben, weil diese Stelle auf den 1. August 2019 definitiv besetzt werden soll. Bald durften wir erfahren, was für zwei gute Theologen wir da von dem Kirchenrat zugewiesen bekamen. Die Freude an der Arbeit wurde spürbar. Wird danken Walter Wickihalder und Ueli Schwendener für die Hingabe. Wir danken, dass sie die reichen Erfahrungen aus dem aktiven Berufsleben und eure administrativen und organisatorschen Fähigkeiten in unsere Kirchgemeinde habt einfliessen lassen. Ihr habt Bewährtes bewahrt, aber auch Neues eingeführt. So wurde einmal im Monat ein Musikalischer

Abendgottesdienst oder das Forum zur Sonntagspredigt sowie der Abendsegen mit Gesängen aus Taize eingeführt. Ihr habt der Gemeinde frischen Schwung gegeben, die Kirchenpflege unterstützt und die Zusammenarbeit in der Region gefördert. Eure Zusammenarbeit mit den Mitarbeitenden wurde sehr geschätzt. Obwohl wir uns auf eine neue Ära freuen, fällt uns der Abschied von den beiden Theologen schwer. Ob sie wohl nun in den Ruhestand gehen werden? Wir glauben es kaum, denn diese Fähigkeiten werden auch anderswo noch dringend gebraucht. So wünschen wir den Beiden im Namen der ganzen Kirchgemeinde alles Gute und Gottes Segen für die Zukunft. Die Mitglieder der Kirchgemeinde hatten Gelegenheit sich im Rahmen eines Apéros persönlich von Walter Wickihalder und Ueli Schwendener zu verabschieden.

Ueli Schwendener wird uns noch kurze Zeit erhalten bleiben, da er Pfarrer Morf bei der Einführung noch behilflich sein wird.

Printed by Books on Demand GmbH, Norderstedt / Germany